STEP Ladder

STEP 1

300-word Level)

リトル・マーメイド

The Little Mermaid

Hans Christian Andersen

ハンス・クリスチャン・アンデルセン

はじめに

みなさんは英語で何ができるようになりたいですか。

外国人と自由にコミュニケーションしたい
インターネット上の英語のサイトや、ペーパーバック、英字新聞
　　を辞書なしで読めるようになりたい
字幕なしで洋画を見たい
受験や就職で有利になりたい
海外で活躍したい……

　英語の基礎的な力、とりわけ読解力をつけるのに大切なのは、楽しみながら多読することです。数多くの英文に触れることによって、英語の発想や表現になじみ、英語の力が自然に身についてきます。

　そうは言っても、何から手をつけていいのかわからないということはないでしょうか。やさしそうだと思って、外国の絵本や子ども向けの洋書を買ってはみたものの、知らない単語や表現ばかりが出てきて、途中で読むのをあきらめた経験がある方もいらっしゃるのではありませんか。

　おすすめしたいのは、学習者向けにやさしく書かれた本から始めて、自分のレベルに合わせて、少しずつ難しいものに移っていく読み方です。

　本書《ステップラダー・シリーズ》は、使用する単語を限定した、やさしい英語で書かれている英文リーダーで、初心者レベルの方でも、無理なく最後まで読めるように工夫されています。

　みなさんが、楽しみながら英語の力をステップアップできるようになっています。

特長と使い方

●特長●

　ステップラダー・シリーズは、世界の古典や名作などを、使用する単語を限定して、やさしい表現に書き改めた、英語初級〜初中級者向けの英文リーダーです。見開きごとのあらすじや、すべての単語の意味が載ったワードリストなど、初心者レベルでも負担なく、英文が読めるように構成されています。無料音声ダウンロード付きですので、文字と音声の両面で読書を楽しむことができます。

ステップ	使用語彙数	対象レベル	英検	CEFR
STEP 1	300語	中学1年生程度	5級	A1
STEP 2	600語	中学2年生程度	4級	A1
STEP 3	900語	中学3年生程度	3級	A2

●使い方●

- 本文以外のパートはすべてヘルプです。できるだけ本文に集中して読みましょう。

- 日本語の語順に訳して読むと速く読むことができません。文の頭から順番に、意味のかたまりごとに理解するようにしましょう。

- すべてを100パーセント理解しようとせず、ところどころ想像で補うようにして、ストーリーに集中する方が、楽に楽しく読めます。

- 黙読する、音読する、音声に合わせて読む、音声だけを聞くなど、いろいろな読み方をしてみましょう。

●無料音声ダウンロード●

　本書の朗読音声（MP3形式）を、下記URLとQRコードから無料でダウンロードすることができます。

ibcpub.co.jp/step_ladder/0694/

※PCや端末、ソフトウェアの操作・再生方法については、編集部ではお答えできません。製造元にお問い合わせいただくか、インターネットで検索するなどして解決してください。

●構成●

トラック番号
朗読音声の番号です。

語数表示
開いたページの単語数と、読んできた総単語数が確認できます。

あらすじ
本文のおおまかな内容がわかります。

キーセンテンス
長い文や難しい表現の文を、意味単位に区切って紹介しています。表示のページに訳があります。

キーワード
使用語彙以外で使われている初出の単語、熟語のリストです。発音記号の読み方は次ページの表を参考にしてください。

キーワードについて

1. 語尾が規則変化する単語は原形、不規則変化語は本文で出てきた形を見出しにしています。

   例　studies/studying/studied → study
   　　goes/going → go
   　　went → went
   　　gone → gone

2. 熟語に含まれる所有格の人称代名詞 (my, your, his/her, theirなど)は one's に、再帰代名詞(myself, yourselfなど) は oneself に置き換えています。

   例　do your best → do one's best
   　　enjoy myself → enjoy oneself

3. 熟語に含まれるbe動詞 (is, are, was, were)は原形のbeに置き換えています。

   例　was going to → be going to

発音記号表

●母音●

/ɑ/	hot, lot
/ɑː/	arm, art, car, hard, march, park, father
/æ/	ask, bag, cat, dance, hand, man, thank
/aɪ/	ice, nice, rice, time, white, buy, eye, fly
/aɪəʳ/	fire, tire
/aʊ/	brown, down, now, house, mouth, out
/aʊəʳ/	flower, shower, tower, hour
/e/	bed, egg, friend, head, help, letter, pet, red
/eɪ/	cake, make, face, game, name, day, play
/eəʳ/	care, chair, hair
/ɪ/	big, fish, give, listen, milk, pink, sing
/iː/	eat, read, speak, green, meet, week, people
/ɪəʳ/	dear, ear, near, year
/oʊ/	cold, go, home, note, old, coat, know
/ɔː/	all, ball, call, talk, walk
/ɔːʳ/	door, more, short
/ɔɪ/	boy, enjoy, toy
/ʊ/	book, cook, foot, good, look, put
/uː/	food, room, school, fruit, juice
/ʊəʳ/	pure, sure
/əːʳ/	bird, girl, third, learn, turn, work
/ʌ/	bus, club, jump, lunch, run, love, mother
/ə/	about, o'clock
/i/	easy, money, very

●子音●

/b/	bag, ball, bed, big, book, club, job
/d/	desk, dog, door, cold, food, friend
/f/	face, finger, fish, food, half, if, laugh
/g/	game, girl, go, good, big, dog, egg
/h/	hair, hand, happy, home, hot
/j/	yellow, yes, young
/k/	cake, cook, king, desk, look, milk, pink, talk
/l/	learn, leg, little, look, animal, girl, school
/m/	make, mother, movie, home, name, room, time
/n/	know, name, night, noon, pen, run, train
/p/	park, pencil, pet, pink, cap, help, jump, stop
/r/	read, red, rice, room, run, write
/s/	say, see, song, study, summer, bus, face, ice
/t/	talk, teacher, time, train, cat, foot, hat, night
/v/	very, video, visit, five, give, have, love, movie
/w/	walk, want, week, woman, work
/z/	zero, zoo, clothes, has, music, nose
/ʃ/	ship, short, English, fish, station
/ʒ/	measure, leisure, television
/ŋ/	king, long, sing, spring, English, drink, thank
/tʃ/	chair, cheap, catch, lunch, march, teacher, watch
/θ/	thank, think, thursday, birthday, month, mouth, tooth
/ð/	they, this, then, bathe, brother, father, mother
/dʒ/	Japan, jump, junior, bridge, change, enjoy, orange

「人魚」の古今東西あれこれ

　「人魚」は海や川に生息すると考えられた伝説の生物です。世界各地に伝承されていますが、その土地によって姿や性質が少し異なるようです。

　ヨーロッパに伝わる人魚は、基本的に上半身が裸の人間、下半身が魚で、多くは若い女性（マーメイド）の姿をしています。その発祥は古代オリエントやギリシア神話の水神とされ、美貌の精霊や妖精として描かれることが多いようです。その美しい歌声で船を難破させると言われるセイレーンやローレライの伝説は有名ですね。

　一方、中国や日本に伝わる人魚は、妖怪や怪物といった、どちらかというと醜い生き物として描かれることが多いようです。中国には、身体がほぼ魚の姿をした人面魚のようなものや、サンショウウオのように四本足が生えているものも伝わっています。

　日本でも人魚は古くから語られており、最古の記録は619年とされ、『日本書紀』にも記述が見られます。人魚は身の破滅や不吉の象徴とされがちですが、日本では不老長寿や火難除けのご利益があるとして崇められることもありました。新型コロナウイルスの流行から有名になった疫病封じの妖怪・アマビエも、どことなくその姿が人魚のように見えますね。

　ところで、「半人半魚」の人魚はどのように数えればよいのでしょうか？　○匹と数えるのが正しいとする国語辞典もあるようですが、人に恋をするなど人間と"同類"と考えられる場合は、○人と数えることもあるようです。とすると、本書に登場するリトル・マーメイドやその家族たちは「1人、2人、……」と数えても間違いではなさそうです。

The Little Mermaid

リトル・マーメイド

Sisters of the Sea

Under the sea,
there was a kingdom of mermen
and mermaids.
[1]Their bodies were not like the bodies
of ordinary people.
They had no feet or legs.
Instead, they had tails like fish.

[2]In the kingdom,
there was a great castle,
and in the castle lived a king.
The king had six daughters.
The daughters were
all very beautiful mermaids.

海の下の人魚の王国で大きな城に住む王様には6人の娘がいました。娘たち
はみんなとても美しい人魚でしたが、一番下の娘が一番美しかったのです。

But the youngest mermaid
was the most beautiful.
She had blue eyes like the color of the sea.

(78 [78] words)

◆ **KEYWORDS**

☐ **sea** [síː]

☐ **was** [wɑːz] < is

☐ **kingdom** [kíŋdəm]

☐ **mermen** [mə́ːˠmèn] <
merman

☐ **mermaid** [mə́ːˠmèɪd]

☐ **ordinary** [ɔ́ːˠdənèri]

☐ **instead** [ìnstéd]

☐ **tail** [téɪl]

☐ **castle** [kǽsəl]

☐ *there lives A*

☐ **most** [móʊst]

◆ **KEY SENTENCES** (☞ p.64)

[1] Their bodies were not • like the bodies • of ordinary people.

[2] In the kingdom, • there was a great castle, • and • in the
castle • lived a king.

All day long,
the mermaids played
in the castle's great rooms.
Fish went in and out
of the castle's big windows.

The mermaids each had a garden.
The youngest mermaid had yellow flowers
in her garden.
The flowers were in a circle.
It looked like the sun.

The youngest mermaid was not
like her older sisters.
She was very curious.
[3]She liked her grandmother's stories
about people and their kingdoms
above the sea.

(73 [151] words)

一番下の人魚はお姉さんたちと違ってとても好奇心旺盛でした。彼女はおば
あさんから、海の上の人々とその王国についての話を聞くのが好きでした。

◆**KEYWORDS**

☐ *all day long*   ☐ *in a circle*

☐ **each** [íːtʃ]   ☐ **curious** [kjúəriəs]

☐ **garden** [gáːʳdən] ☐ **grandmother** [grǽndmʌðəʳ]

☐ **circle** [sə́ːʳkəl]   ☐ **above** [əbʌ́v]

◆**KEY SENTENCES** (☞ p.64)

³ She liked her grandmother's stories • about people • and
  their kingdoms • above the sea.

And she really liked
her grandmother's stories about flowers.
That's because flowers in the sea
have no smell.

[4]When the oldest daughter turned 15,
the king allowed her to go up to the surface
of the sea and look around.
Late at night,
she went.

[5]When she came back,
she told her sisters that she most enjoyed
looking at the cities.
There, the lights looked like the stars.
The oldest sister wanted to go on shore
and see them,
but she was not allowed.

一番上の姉が15歳になると、王様に海面に上がることを許されて、夜遅く
に出かけて行きました。翌年は、次女が15歳になって海面に行きました。

The next year,
the second sister turned 15
and visited the surface.
When she came back,
she told her sisters that the sunset
was the most beautiful sight of all.

(114 [265] words)

◆ KEYWORDS

☐ **smell** [smél]

☐ **turn** [tə́ːʳn]

☐ **allow** [əláʊ]

☐ **surface** [sə́ːʳfəs]

☐ *look around*

☐ **told** [tóʊld] < tell

☐ **city** [síti]

☐ **light** [láɪt]

☐ **star** [stáːʳ]

☐ **shore** [ʃɔ́ːʳ]

☐ **sunset** [sʌ́nsèt]

☐ **sight** [sáɪt]

◆ KEY SENTENCES (☞ p.64)

[4] When the oldest daughter turned 15, • the king allowed her • to go • up to the surface • of the sea • and look around.

[5] When she came back, • she told her sisters • that she most enjoyed looking at the cities.

When the third sister turned 15,
she went near the shore and saw children
in the water.
She wanted to play with them,
but when their dog jumped into the water,
she was too scared.

[6]The fourth sister did not go near the shore
or visit any cities.
She swam out in the middle of the sea.
She told her sisters that she could see
very far into the distance.
She could see ships, too.

When the fifth sister turned 15,
it was winter.
She swam to the surface
and sat on a big iceberg.

5番目の姉が15歳になったときは冬で、彼女が氷山の上に座り船を見てい
ると嵐になりました。船上の人たちは氷山を怖がっているように見えました。

[7]As she watched ships go by,
 it started to storm.
 She enjoyed the wind in her hair.
 The ships did not go near the big iceberg.
 The people on the ships looked like
 they were scared of it.

(133 [398] words)

◆ **KEYWORDS**

☐ **children** [tʃíldrən] < child
☐ **water** [wɔ́ːtəʳ]
☐ *jump into*
☐ **scared** [skéəʳd]
☐ **swam** [swǽm] < swim
☐ *swim out*
☐ **middle** [mídəl]
☐ **could** [kúd] < can
☐ **far** [fáːʳ]

☐ *can see far into*
☐ **distance** [dístəns]
☐ **ship** [ʃíp]
☐ **iceberg** [áɪsbəʳg]
☐ **as** [əz]
☐ *go by*
☐ **storm** [stɔ́ːʳm]
☐ **wind** [wínd]
☐ *be scared of*

◆ **KEY SENTENCES** (☞ p.64)

[6] The fourth sister did not go • near the shore • or visit any cities.

[7] As she watched ships go by, • it started • to storm.

[8]The five sisters often swam to the surface
and sang songs to ships going by.
[9]Each time,
the youngest sister watched them
from her room in the castle.
She felt sad and alone.

(33 [431] words)

5人の姉妹は、よく水面に泳いできて、行き交う船に向かって歌を歌っていました。一番下の妹は城の自分の部屋からその様子を寂しく見ていました。

◆ **KEYWORDS**

☐ **sang** [sǽŋ] < sing ☐ **sad** [sǽd]

☐ **felt** [félt] < feel ☐ **alone** [əlóʊn]

◆ **KEY SENTENCES** (☞ p.64)

[8] The five sisters often swam • to the surface • and sang songs • to ships going by.

[9] Each time, • the youngest sister watched them • from her room • in the castle.

The Young Prince

When the little mermaid finally turned 15,
she was very excited.
She was finally allowed to go to the surface.
[10]She swam up just as the sun went down.
She saw a big, black ship
and heard people singing.
[11]The little mermaid swam close to the ship
and looked in a window.
She saw many well-dressed people.
But the most handsome was
a young prince.

The prince was about her age.
Just like the little mermaid,
it was his birthday.

リトル・マーメイドは、15歳になってとても喜びました。彼女は船の近く
まで泳いでいき窓を覗くと、着飾った人々の中に若い王子を見つけました。

On the ship,
people danced and sang late into the night.
They all looked very happy.

Little by little,
the music became quieter.
The ship began to move.

(108 [539] words)

◆ **KEYWORDS**
☐ **prince** [príns]
☐ **finally** [fáɪnəli]
☐ **excited** [ɪksáɪtɪd]
☐ *swim up*
☐ *go down*
☐ **heard** [hə́ːʳd] < hear
☐ **well-dressed** [wèldrést]
☐ **handsome** [hǽnsəm]

☐ **age** [éɪdʒ]
☐ *about someone's age*
☐ *late into the night*
☐ *little by little*
☐ **music** [mjúːzɪk]
☐ **became** [bɪkéɪm] < become
☐ **quiet** [kwáɪət]
☐ **began** [bɪgǽn] < begin

◆ **KEY SENTENCES** (☞ p.64)
[10] She swam • up just • as the sun went • down.
[11] The little mermaid swam • close to the ship • and looked •
in a window.

Far in the distance,
the little mermaid saw lightning.
There was a big storm,
and soon the wind became strong.
The ship's sails went up,
and the ship began to move faster.
But it did not move faster than the storm.
[12]Soon,
the wind called big waves out of the sea.

The big waves ran into the ship,
and the ship began to fall apart.
The people fell into the water.

The little mermaid looked for the prince
and found him under the waves.
[13]She pulled his head above the water
and held him to her chest.

(97 [636] words)

嵐がやってきて、船はバラバラになり、人々は水の中に落ちていきました。
リトル・マーメイドは王子の頭を水の上に引き上げ、胸に抱きしめました。

◆ **KEYWORDS**

☐ *far in the distance*

☐ **lightning** [láɪtnɪŋ]

☐ **strong** [strɔ́ːŋ]

☐ **sail** [séɪl]

☐ **than** [ðən]

☐ **wave** [wéɪv]

☐ **ran** [rǽn] < run

☐ *run into*

☐ **apart** [əpáːᵣt]

☐ *fall apart*

☐ **fell** [fél] < fall

☐ *look for*

☐ **found** [fáʊnd] < find

☐ **pull** [pʊ́l]

☐ **held** [héld] < hold

☐ **chest** [tʃést]

◆ **KEY SENTENCES** (☞ p.64–65)

¹² Soon, • the wind called big waves • out of the sea.

¹³ She pulled his head • above the water • and held him • to her chest.

When the sun finally came up,
she saw the shore
and pulled the prince there.
[14]She put him on the white sand and then
swam behind some rocks in the water.
She watched the prince and waited.
Soon,
a beautiful, young girl saw the prince.
At first,
the girl was scared when she saw him.

[15]Then she looked closely
at his handsome face
and was no longer scared.
She ran and found some people to help.
The little mermaid saw the prince
come back to life.

リトル・マーメイドが王子を白い砂辺に置くと、美しい少女がやってきました。リトル・マーメイドは、王子が生き返るのを岩の後ろで見ていました。

The people carried him away
into a building.
When the prince was gone,
she felt sad.

(102 [738] words)

◆ **KEYWORDS**

☐ *come up*
☐ **sand** [sǽnd]
☐ **rock** [rɑ́ːk]
☐ **wait** [wéɪt]
☐ **life** [láɪf]
☐ *come back to life*

☐ **carry** [kǽri]
☐ **away** [əwéɪ]
☐ *carry ~ away*
☐ **building** [bíldɪŋ]
☐ **gone** [gɔ́ːn]

◆ **KEY SENTENCES** (☞ p.65)

[14] She put him • on the white sand • and then swam • behind some rocks • in the water.

[15] Then she looked closely • at his handsome face • and was no longer scared.

🎧 03 A Heartfelt Wish

The little mermaid returned to the castle
under the sea.
Every morning and evening after that,
she swam back to the same shore.
But she did not see the prince.
She grew sadder and sadder.
[16]At last,
   she grew so sad that she asked her sisters
   and friends for advice.

One friend had some information
about the prince.
[17]She told the little mermaid
   about the prince's great castle

リトル・マーメイドは、王子の住む城のことを聞くと、毎晩そこまで泳いで
行って王子を眺めました。王子は水辺の階段によく一人で座っていました。

and its many beautiful gardens.

From then on,

the little mermaid swam to the castle

and watched the prince every evening.

He often sat alone

on the white marble steps near the water.

(101 [839] words)

◆ **KEYWORDS**

☐ **heartfelt** [háː'tfèlt]

☐ **wish** [wíʃ]

☐ **return** [rɪtə́ː'n]

☐ **same** [séɪm]

☐ **grew** [grúː] < grow

☐ *at last*

☐ *so ~ that*

☐ **advice** [ədváɪs]

☐ *ask for advice*

☐ **information** [ìnfɔ̀ː'méɪʃən]

☐ *from then on*

☐ **marble** [máː'bəl]

☐ **step** [stép]

◆ **KEY SENTENCES** (☞ p.65)

[16] At last, • she grew so sad • that she asked her sisters • and friends • for advice.

[17] She told the little mermaid • about the prince's great castle • and its many beautiful gardens.

Sometimes he went out in his boat.

[18]She often heard fishermen in other boats praising him.

She learned he was a good man,

so she was happy that she saved his life.

She remembered his head on her chest.

More and more,

she began to love him and wanted to live among people.

She talked to her grandmother.

"[19]How can I become a human, grandmother?

I want to walk with the people above."

(73 [912] words)

だんだんと王子のことが好きになったリトル・マーメイドは、人々と一緒に
暮らしたいと思うようになりました。彼女はおばあさんに相談しました。

◆**KEYWORDS**

☐ *go out*

☐ **boat** [bóʊt]

☐ **fishermen** [fíʃəʳmɪn] <
  fisherman

☐ **praise** [préɪz]

☐ **save** [séɪv]

☐ **remember** [rɪmémbəʳ]

☐ **more** [mɔ́ːʳ]

☐ *more and more*

☐ **among** [əmʌ́ŋ]

☐ **become** [bɪkʌ́m]

☐ **human** [hjúːmən]

◆**KEY SENTENCES** (☞ p.65)

[18]She often heard fishermen • in other boats • praising him.

[19]How can I become a human, • grandmother?

Her grandmother said,

"Humans live short lives and have ugly legs.

We have a much happier life

down here in the sea

and live for three hundred years.

This evening there is a dance at the castle.

[20]Leave your troubles behind!

Go enjoy it with your sisters."

At the dance,

the little mermaid was happy for a time.

[21]She sang with the loveliest voice

of all living things.

But when she remembered the prince,

she grew sad.

She left the party and went to sit

in her garden.

悩みは捨てなさい、とおばあさんに言われて、城のダンスパーティーに行っ
たリトル・マーメイドは、王子のことを思い出すと、悲しくなりました。

From her garden,
she heard the sound of a ship far above.
She knew the prince was up there.

(107 [1,019] words)

◆ **KEYWORDS**

☐ **said** [séd] < say
☐ **ugly** [ʌ́gli]
☐ **trouble** [trʌ́bəl]
☐ *for a time*
☐ **lovely** [lʌ́vli]
☐ **voice** [vɔ́ɪs]

☐ **thing** [θíŋ]
☐ *all living things*
☐ **left** [léft] < leave
☐ **party** [páːʳti]
☐ **sound** [sáʊnd]
☐ **knew** [njúː] < know

◆ **KEY SENTENCES** (☞ p.65)

[20] Leave your troubles • behind!
[21] She sang • with the loveliest voice • of all living things.

The Sea Witch

The little mermaid decided to visit
the sea witch.
[22]Although the sea witch was frightening,
the little mermaid desperately wanted to be
with the prince.
She swam down,
down into the sea.
There,
it was cold and gray.
There were no flowers or other plants.
She was afraid,
but she did not want to give up.
[23]She found the sea witch letting a toad
eat out of her mouth.

リトル・マーメイドは、海の魔女を訪ねることにしました。「どうか助けて
ください。どうしたらいいのかわかりません」と彼女は魔女に言いました。

"Well, well,"
said the sea witch.
"The youngest daughter of the sea king."

"Oh, please help me.
I don't know what to do.
I want . . ."
began the little mermaid.

(99 [1,118] words)

◆ **KEYWORDS**

□ **witch** [wítʃ]

□ **decide** [dìsáɪd]

□ **although** [ɔ̀ːlðóʊ]

□ **frightening** [fráɪtnɪŋ]

□ **desperately** [désprətli]

□ **plant** [plǽnt]

□ **afraid** [əfréɪd]

□ *give up*

□ **let** [lét]

□ **toad** [tóʊd]

◆ **KEY SENTENCES** (☞ p.65)

[22] Although the sea witch was frightening, • the little mermaid desperately wanted • to be • with the prince.

[23] She found the sea witch • letting a toad eat • out of her mouth.

The sea witch interrupted her and said,
"You want to walk around on legs like men?
[24]Then maybe the prince will fall in love
with you and you will get an immortal soul?
Yes, I knew you would come."

The witch let out a fearful laugh.
She said,
"I will make you a magic drink.
Sit on the shore and drink it before sunrise.
Then your tail will become two legs.
But it will hurt very much.
[25]Are you sure this is what you want?"
she asked.

The little mermaid said,
"It is."

(93 [1,211] words)

魔女は「尻尾が二本の足になる魔法の飲み物を作ってあげる。でも、とても痛いよ。本当にこれでいいんだね？」とリトル・マーメイドに尋ねました。

◆**KEYWORDS**

☐ **interrupt** [ìntərʌ́pt]
☐ *walk around*
☐ **maybe** [méɪbi]
☐ **will** [wíl]
☐ *fall in love with*
☐ **immortal** [ìmɔ́ːʳtəl]
☐ **soul** [sóʊl]

☐ **would** [wʊ́d]
☐ **fearful** [fíəʳfəl]
☐ **laugh** [lǽf]
☐ **magic** [mǽdʒɪk]
☐ **sunrise** [sʌ́nràɪz]
☐ **hurt** [hə́ːʳt]

◆**KEY SENTENCES** (☞ p.65–66)

²⁴ Then • maybe the prince will fall • in love • with you • and you will get an immortal soul?

²⁵ Are you sure • this is • what you want?

The sea witch said,
"If you drink the magic drink,
you will never be able to become
a mermaid again.
You will never be able to swim down
through the water to your father's castle.
²⁶And if the prince does not love you
more than anyone,
then you will not get an immortal soul.
²⁷The morning after he marries
another woman,
your heart will break and your body
will become like foam on the sea.
I ask you again.
Are you sure this is what you want?"

"Yes!" said the little mermaid,
but she was very afraid.

「王子がお前を愛さずに他の女性と結婚すると、翌朝お前の心は壊れ、体は
海の泡になってしまう」と魔女は言いました。「本当にこれでいいんだね？」

"It will cost you,"
said the sea witch.
"Your voice is the loveliest voice
in the world,
and I will have it.
I will cut out your tongue and take it."

(128 [1,339] words)

◆ **KEYWORDS**

☐ **if** [ɪf]

☐ **never** [névəʳ]

☐ **able** [éɪbəl]

☐ **again** [əgén]

☐ **through** [θrúː]

☐ **anyone** [éniwən]

☐ **marry** [méri]

☐ **another** [ənʌðəʳ]

☐ **heart** [háːʳt]

☐ **break** [bréɪk]

☐ **foam** [fóʊm]

☐ **cost** [kɔ́ːst]

☐ **world** [wə́ːʳld]

☐ **cut** [kʌ́t]

☐ *cut out*

☐ **tongue** [tʌ́ŋ]

◆ **KEY SENTENCES** (☞ p.66)

²⁶ And • if the prince does not love you • more than anyone, • then you will not get an immortal soul.

²⁷ The morning • after he marries another woman, • your heart will break • and your body will become • like foam • on the sea.

The little mermaid looked scared.
"[28]But with no voice,
how will I speak to the prince?"
she asked.

The sea witch let out
another frightening laugh.
"You can use your lovely body,"
she said.
"You can move a man's heart
with your light walk
and your beautiful eyes."

[29]The little mermaid thought
of the handsome prince
and quickly made up her mind.
"Take my tongue, then!"

薬の代償は、世界一すてきな声を出す彼女の舌でした。リトル・マーメイド
は、王子のことを思い浮かべるとすぐに決心しました。「私の舌を取って！」

The sea witch made the magic drink
and cut out the little mermaid's tongue.
Her voice was gone.

(66 [1,405] words)

◆ **KEYWORDS**

☐ **thought** [θɔ́ːt] < think   ☐ **made** [méɪd] < make
☐ *think of*   ☐ **mind** [máɪnd]
☐ **quickly** [kwíkli]   ☐ *make up one's mind*

◆ **KEY SENTENCES** (☞ p.66)

[28]But • with no voice, • how will I speak to the prince?
[29]The little mermaid thought • of the handsome prince • and
   quickly made up • her mind.

³⁰The little mermaid took the magic drink
and swam away from the sea witch.
She could see her father's castle,
but she could not speak,
so she did not dare to visit.
She had to leave her father's kingdom
forever.

(58 [1,463] words)

リトル・マーメイドは魔法の飲み物を受け取り、海の魔女から泳いで離れました。声を失った彼女は父の王国から永遠に離れなければなりませんでした。

◆ **KEYWORDS**

☐ **took** [túk] < take   ☐ **forever** [fərévəʳ]

☐ **dare** [déəʳ]

◆ **KEY SENTENCES** (☞ p.66)

[30]The little mermaid took the magic drink • and swam away • from the sea witch.

The Prince's Castle

The little mermaid arrived
at the prince's castle
just before the sun came up.
She went to the marble steps
and sat down.
Then she drank the magic drink.
It felt like a knife cut through her legs.
She passed out from the pain.

When the sun came over the sea,
she finally opened her eyes.
[31]The prince was there in front of her.
[32]She looked down and saw
that her tail was gone.

夜明け前に王子の城に着いたリトル・マーメイドは、魔法の飲み物を飲むと
痛みで気を失いました。彼女が目を覚ますと、王子が目の前にいました。

Instead,

she had two pretty, white legs.

But she had no clothes,

so she covered her body

with her beautiful, long hair.

(96 [1,559] words)

◆ **KEYWORDS**

☐ **arrive** [əráɪv]

☐ **drank** [drǽŋk] < drink

☐ **knife** [náɪf]

☐ *cut through*

☐ **pass** [pǽs]

☐ *pass out*

☐ **pain** [péɪn]

☐ **front** [frʌ́nt]

☐ *in front of*

☐ **pretty** [príti]

☐ **cover** [kʌ́vəʳ]

◆ **KEY SENTENCES** (☞ p.66)

[31] The prince was there • in front • of her.

[32] She looked • down and saw • that her tail was gone.

"Who are you?" asked the prince.
"How did you get here?"

She could not answer.
[33]He took her by the hand and led her
into the castle.
Every step was like
walking on sword points.
But she accepted the pain.
The prince gave her wonderful silk clothes.

No one in the castle was as beautiful
as the little mermaid.
As they walked,
people watched them.
They were surprised by her beauty
and grace.
In the castle, they sat together.

(79 [1,638] words)

王子は彼女の手を引いて、城の中に連れて行くと、素晴らしいシルクの服を
与えました。城の中で人々は彼女の美しさと優雅さに驚きました。

◆ **KEYWORDS**

- *get here*
- **led** [léd] < lead
- **sword** [sɔ́ːʳd]
- **point** [pɔ́ɪnt]
- *sword point*
- **accept** [æksépt]
- **gave** [géɪv] < give

- **silk** [sílk]
- *no one*
- **surprised** [səʳpráɪzd]
- **beauty** [bjúːti]
- **grace** [gréɪs]
- **together** [təɡéðəʳ]

◆ **KEY SENTENCES** (☞ p.66)

[33]He took her • by the hand • and led her • into the castle.

[34]Other young women dressed
in gold and silk came and
sang to the prince and his parents.
The prince looked happy.
This troubled the little mermaid
because her voice was far more lovely.

"How do I tell him that I gave away
my voice to be with him?"
she thought.
Then the other girls began dancing
to music.
Suddenly, the little mermaid stood up.

[35]She raised her lovely white arms
and began to dance lightly around the room
like a fish in the sea or a bird in the sky.
Every motion was beautiful.

彼女は海の魚や空の鳥のように、部屋の中を軽やかに踊り始めました。彼女
の美しい青い目は、どんな歌よりも王子の心を動かしました。

Her beautiful blue eyes moved the prince
more than any song could.
Everyone came to like her,
especially the prince.
She danced and she danced,
despite the great pain in her feet and legs.

(128 [1,766] words)

◆ **KEYWORDS**

☐ **dress** [drés]
☐ **gold** [góʊld]
☐ **trouble** [trʌ́bəl]
☐ **tell** [tél]
☐ *give away*
☐ **suddenly** [sʌ́dənli]
☐ **stood** [stúd] < stand
☐ *stand up*

☐ **raise** [réɪz]
☐ **lightly** [láɪtli]
☐ **sky** [skáɪ]
☐ **motion** [móʊʃən]
☐ *come to like*
☐ **especially** [əspéʃəli]
☐ **despite** [dɪspáɪt]

◆ **KEY SENTENCES** (☞ p.66)

[34] Other young women • dressed in gold and silk • came and sang • to the prince • and his parents.

[35] She raised her lovely white arms • and began to dance lightly • around the room • like a fish • in the sea • or a bird • in the sky.

[36]The prince decided that the little mermaid
would be with him forever.
She was allowed to sit by his door.
Before long,
they began to ride horses together
through the woods and walk high
into the mountains.

Although blood came from her feet,
she tried to laugh at her suffering.
[37]At night,
while others were asleep in the castle,
she walked out to the marble steps.
She stood in the cold water
and her feet felt better.
There,
she thought of her friends and family
far below.

王子は、リトル・マーメイドとずっと一緒にいようと決めました。夜、彼女
は大理石の階段に出て行きました。ある夜、姉たちが彼女の前に現れました。

One night,
her sisters rose in front of her.
They told the little mermaid
they were very sad because she left.

(108 [1,874] words)

◆ **KEYWORDS**

☐ *before long*
☐ **ride** [ráɪd]
☐ **horse** [hɔ́ːʳs]
☐ **wood** [wʊ́d]
☐ **mountain** [máʊntən]
☐ **blood** [blʌ́d]
☐ **try** [tráɪ]

☐ **suffering** [sʌ́fərɪŋ]
☐ **while** [ʰwáɪl]
☐ **asleep** [əslíːp]
☐ **better** [bétəʳ] < good
☐ **below** [bɪlóʊ]
☐ **rose** [róʊz] < rise

◆ **KEY SENTENCES** (☞ p.67)

[36]The prince decided • that the little mermaid would be • with him forever.

[37]At night, • while others were asleep • in the castle, • she walked out • to the marble steps.

After that,
they visited her every night.
And every day,
the little mermaid became closer
to the prince.
He loved her like a dear child.

(25 [1,899] words)

姉たちは毎晩のように彼女の元を訪れました。王子とリトル・マーメイドは
日に日に距離を縮めていき、王子は彼女を愛する子のように可愛がりました。

◆ **KEYWORDS**

☐ *after that*

☐ **child** [tʃáɪld]

☐ *dear child*

The Young Girl

But he never thought about marrying her.

[38]"Do you love me most of all?"
the eyes of the mermaid seemed to ask him
when he kissed her forehead.

"You are so very dear to me,"
said the prince,
"for you have the most wonderful heart.
You are the kindest to me.
[39]You are like a lovely young woman
I once saw but will never see again.
I was on a ship that came apart in a storm.
The waves brought me to the shore
near a holy temple.

しかし、彼は彼女と結婚しようとは思いませんでした。「私が愛することが
できるのは命を救ってくれた神殿の少女だけだ」王子はため息をつきました。

A young girl found me on the shore
and saved my life."

The prince sighed.
"She is the only one I could love
in this world.
But she belongs to the holy temple,"
he said.

(123 [2,022] words)

♦ **KEYWORDS**

☐ **seem** [síːm]
☐ **kiss** [kís]
☐ **forehead** [fɔ́ːˈhed]
☐ **once** [wʌ́ns]
☐ *come apart*
☐ **brought** [brɔ́ːt] < bring

☐ **holy** [hóʊli]
☐ **temple** [témpəl]
☐ *holy temple*
☐ **sigh** [sáɪ]
☐ **only** [óʊnli]
☐ **belong** [bɪlɔ́ːŋ]

♦ **KEY SENTENCES** (☞ p.67)

[38] "Do you love me most of all?" • the eyes of the mermaid •
   seemed to ask him • when he kissed her forehead.

[39] You are • like a lovely young woman • I once saw • but will
   never see again.

Soon,
there was a big announcement
in the kingdom.
The prince would marry the daughter
of the neighboring king.
[40]He got ready to sail away on a fine ship
to go meet the king.
But the little mermaid knew
the prince was not happy.

"I must see this beautiful princess
because my parents want me to,"
said the prince.
"[41]But they shall not make me marry her.
I cannot love her.
She is not the lovely girl from the temple."

王子と隣国の王の娘との結婚が発表されました。「両親が望むので彼女と会
わなければならない。でも僕は彼女を愛せない」と王子は言いました。

Aboard the ship,

the little mermaid spent the night

looking down at the water.

Her sisters came up to the surface

and looked sad.

But they swam away

when a sailor appeared.

(112 [2,134] words)

◆ **KEYWORDS**

☐ **announcement**
   [ənáʊnsmənt]

☐ **neighboring** [néɪbərɪŋ]

☐ *get ready to*

☐ **must** [mʌst]

☐ **princess** [prínses]

☐ **shall** [ʃæl]

☐ **aboard** [əbɔ́ːʳd]

☐ **spent** [spént] < spend

☐ **sailor** [séɪləʳ]

☐ **appear** [əpíəʳ]

◆ **KEY SENTENCES** (☞ p.67)

[40]He got ready • to sail away • on a fine ship • to go meet the king.

[41]But • they shall not • make me marry her.

The next morning,
the ship arrived
at the neighboring king's city.
Church bells rang and great flags flew
from the tops of buildings.
Every day there was a big dinner
with music and dancing.
But the princess was not there.
She was in a city far away,
learning things that a good princess
must know.
It took her many days to get back
to the kingdom.

At last,
the princess arrived.
The little mermaid was surprised
by her loveliness.

船が隣の王の街に到着したとき、お姫様の姿はありませんでした。ついにお姫様が到着したとき、リトル・マーメイドは彼女の愛らしさに驚きました。

Her face was the most beautiful in the world.

(88 [2,222] words)

□ **church** [tʃɚ́ːᵊtʃ]

□ **bell** [bél]

□ **rang** [rǽŋ] < ring

□ **flag** [flǽg]

□ **flew** [flúː] < flow

□ **top** [tɑ́ːp]

□ **loveliness** [lʌ́vlinəs]

"It's you!"
cried the prince.
"You saved me when I was lying
on the shore!
Oh, I'm so happy,
I don't know what to do!"
he said to the little mermaid.

The little mermaid felt
like her heart would break.
[42]All the bells in the kingdom rang
as word of the wedding passed
through the city.
The prince and princess stood
before the priest as he spoke.
The little mermaid stood
behind the princess and held her dress.

(78 [2,300] words)

「あなただ！」王子は叫びました。「あなたが岸辺で倒れていた僕を助けてく
れたんだ！」王国中の鐘が鳴り響き結婚式の知らせが街中に伝わりました。

◆ **KEYWORDS**

☐ **cry** [krái]

☐ **lying** [láɪɪŋ] < lie

☐ **word** [wə́ːʳd]

☐ **wedding** [wédɪŋ]

☐ **priest** [príːst]

☐ **spoke** [spóʊk] < speak

◆ **KEY SENTENCES** (☞ p.67)

⁴²All the bells • in the kingdom rang • as word of the wedding passed • through the city.

A Dangerous Bargain

But she did not hear the wedding music
or see the wedding.
[43]Instead,
she thought only of her impending death.

That evening,
the prince and his bride went
aboard the ship.
When it became dark,
sailors lit lights and danced happily
on board.

The little mermaid remembered
the first time she saw
the handsome prince.

リトル・マーメイドは自分の死が迫っていることを考えていました。船上で
は初めて王子を見たときのことを思い出して、彼のために踊りました。

This time,

she danced for him.

She danced so beautifully

despite the pain in her feet.

But she didn't notice the pain

because of the pain in her heart.

[44]She knew that this was the last time

she would see the prince.

(97 [2,397] words)

◆ **KEYWORDS**

☐ **dangerous** [déɪndʒərəs]

☐ **bargain** [báːʳgən]

☐ **hear** [híəʳ]

☐ **impending** [ìmpéndɪŋ]

☐ **death** [déθ]

☐ **bride** [bráɪd]

☐ **dark** [dáːʳk]

☐ **lit** [lít] < light

☐ **board** [bɔ́ːʳd]

☐ *on board*

☐ **notice** [nóʊtəs]

◆ **KEY SENTENCES** (☞ p.67)

[43]Instead, • she thought only • of her impending death.

[44]She knew • that this was the last time • she would see the prince.

She gave up her voice,
her family,
and her home,
and she suffered pain every day.
And the prince did not know it.

At night,
the prince and princess went to their room.
The little mermaid rested on the deck.
Then she saw her sisters rise from the sea.
They looked pale white,
and their hair was gone.

"We gave our hair to the sea witch
to save you," they said.
"Take this sword.
Before the sun rises,
you must push it into the prince's heart.

夜になると、王子と姫は自分の部屋に行きました。リトル・マーメイドがデッキで休んでいると海の中から姉たちが上がって来るのが見えました。

[45]Then,

when his blood touches your feet,
they will again become a fish's tail,
and you can return to our kingdom
beneath the sea."

(110 [2,507] words)

◆ **KEYWORDS**

☐ **suffer** [sʌ́fəʳ]

☐ **rest** [rést]

☐ **deck** [dék]

☐ **rise** [ráɪz]

☐ **pale** [péɪl]

☐ **push** [púʃ]

☐ **touch** [tʌ́tʃ]

☐ **return** [rɪtə́ːʳn]

☐ **beneath** [bɪníːθ]

◆ **KEY SENTENCES** (☞ p.67)

[45]Then, • when his blood touches your feet, • they will again become a fish's tail, • and you can return to our kingdom • beneath the sea.

Her sisters said,

"Then you can live a long mermaid life.

But hurry!

One of you must die before sunrise.

If you wait, then the rising sun will kill you."

Then they sank beneath the waves.

The little mermaid quietly opened the door
to the prince's room.
[46]She saw the beautiful princess asleep
with her head on the prince's chest.
She walked to the bed,
stood over the prince,
and kissed him on his forehead.
Then she looked up at the sky.
It was becoming lighter and lighter.
[47]She lifted the sword above her head
and looked down at the prince.

(101 [2,608] words)

リトル・マーメイドは、姉たちから渡された剣を持ち、王子の部屋のドアを
開けました。美しい姫が王子の胸に頭を置いて眠っているのが見えました。

◆**KEYWORDS**

☐ **hurry** [hə́ːri]

☐ **die** [dái]

☐ **wait** [wéɪt]

☐ **rising** [ráɪzɪŋ]

☐ **kill** [kíl]

☐ **sank** [sǽŋk] < sink

☐ **quietly** [kwáɪətli]

☐ *stand over*

☐ **lift** [líft]

◆**KEY SENTENCES** (☞ p.67–68)

[46] She saw the beautiful princess asleep • with her head • on the prince's chest.

[47] She lifted the sword • above her head • and looked • down • at the prince.

A moment passed,
and then another.
[48]And then, finally,
the little mermaid threw the sword
far into the waves.
[49]The waves became red where the sword
fell as if the water turned to blood.

Once again,
she looked with sadness at the prince.
Then she jumped from the ship into the sea
and felt her body changing into foam.

(59 [2,667] words)

ついにリトル・マーメイドは、剣を波に向かって投げました。彼女は船から
海に飛び込み、自分の体が泡に変わるのを感じました。

◆ **KEYWORDS**

☐ **moment** [móʊmənt]
☐ **threw** [θrúː] < throw
☐ **red** [réd]

☐ *as if*
☐ **sadness** [sǽdnəs]
☐ **change** [tʃéɪndʒ]

◆ **KEY SENTENCES** (☞ p.68)

[48]And then, • finally, • the little mermaid threw the sword far • into the waves.

[49]The waves became red • where the sword fell • as if the water turned to blood.

Daughters of the Air

When the sun rose,
it gently warmed the cold sea foam.
The little mermaid did not die.
Above her were hundreds of beautiful forms
floating in the air.
The voices of the forms were lovely.
The little mermaid now had a body
and a voice like theirs.

She rose higher and higher out of the foam.

"Who are you?" the little mermaid cried.

"We are the daughters of the air,"
they answered.

リトル・マーメイドは死んでいませんでした。彼女の上に浮かんでいる何百
もの美しい形が、きれいな声で「私たちは空気の娘たちよ」と答えました。

"Mermaids do not have an immortal soul.
[50]But as a daughter of the air,
  you can get one by doing good deeds.
  We fly to the hot countries
  where children die from heat and sickness.
  We bring coolness and the smell of flowers
  to make people happy and healthy.
  After three hundred years of good deeds,
  we can have an immortal soul
  like human beings."

(137 [2,804] words)

◆ **KEYWORDS**

☐ **air** [éəʳ]

☐ **gently** [dʒéntli]

☐ **warm** [wɔ́ːʳm]

☐ **form** [fɔ́ːʳm]

☐ **float** [flóʊt]

☐ **deed** [díːd]

☐ **country** [kʌ́ntri]

☐ **heat** [híːt]

☐ **sickness** [síknəs]

☐ **bring** [bríŋ]

☐ **coolness** [kúːlnəs]

☐ **healthy** [hélθi]

☐ **being** [bíːɪŋ]

☐ *human being*

◆ **KEY SENTENCES** (☞ p.68)

[50]But • as a daughter • of the air, • you can get one • by
  doing good deeds.

The little mermaid raised her bright arms
to the sun.
For the first time, she felt tears in her eyes.

On the ship below,
a new day was beginning.
She saw the prince and his beautiful bride
looking for her.
[51]They were watching the foam on the waves
as if they knew she had jumped
into the sea.

[52]Although the prince and princess
could not see her,
she kissed the princess's forehead
and smiled upon the prince.
Then she rose with the other daughters
of the air up to the clouds in the sky.

(94 [2,898] words)

リトル・マーメイドは、船上にいる王女の額にキスをして、王子に微笑みかけると、他の空気の娘たちと一緒に空の雲に向かって昇っていきました。

◆ **KEYWORDS**

☐ **bright** [bráɪt]

☐ *for the first time*

☐ **tear** [tíəʳ]

☐ **begin** [bɪgín]

☐ **smile** [smáɪl]

☐ **upon** [əpáːn]

☐ **cloud** [kláʊd]

◆ **KEY SENTENCES** (☞ p.68)

⁵¹ They were watching the foam • on the waves • as if they knew • she had jumped • into the sea.

⁵² Although • the prince and princess • could not see her, • she kissed the princess's forehead • and smiled • upon the prince.

〈KEY SENTENCES の訳〉

1. Their bodies were not like the bodies of ordinary people.
   彼らの体は普通の人間の体とは違っていました。

2. In the kingdom, there was a great castle, and in the castle lived a king.
   その王国には大きなお城があって、そのお城には王様が住んでいました。

3. She liked her grandmother's stories about people and their kingdoms above the sea.
   彼女は、おばあさまが話す海の上の人々や王国の話が好きでした。

4. When the oldest daughter turned 15, the king allowed her to go up to the surface of the sea and look around.
   長女が15歳になると、王様は彼女に海面に上がって周りを見て回ることを許しました。

5. When she came back, she told her sisters that she most enjoyed looking at the cities.
   戻ってきた長女は、妹たちに「街を見るのが一番楽しかったわ」と言いました。

6. The fourth sister did not go near the shore or visit any cities.
   4番目の妹は、海辺には行かず、街にも行きませんでした。

7. As she watched ships go by, it started to storm.
   彼女が船が通り過ぎるのを見ているうちに、嵐になってしまいました。

8. The five sisters often swam to the surface and sang songs to ships going by.
   5人の姉妹は、よく水面に泳いできて、行き交う船に向かって歌を歌いました。

9. Each time, the youngest sister watched them from her room in the castle.
   そのたびに、末の妹はお城の自分の部屋から彼らを見ていました。

10. She swam up just as the sun went down.
    彼女は太陽が沈む頃に泳いできました。

11. The little mermaid swam close to the ship and looked in a window.
    リトル・マーメイドは、船の近くまで泳いでいって、窓を覗いてみました。

12. Soon, the wind called big waves out of the sea.
    やがて、風が海から大きな波を呼んできました。

13. She pulled his head above the water and held him to her chest.
   彼女は彼の頭を水の上に引き上げ、胸に抱きしめました。

14. She put him on the white sand and then swam behind some rocks in the water.
   彼女は白い砂の上に彼を置いて、水中の岩の後ろに泳ぎました。

15. Then she looked closely at his handsome face and was no longer scared.
   それから、彼女は彼の整った顔立ちをよく見て、もう怖くなくなりました。

16. At last, she grew so sad that she asked her sisters and friends for advice.
   とうとう彼女はとても悲しくなって、姉妹や友人にアドバイスを求めました。

17. She told the little mermaid about the prince's great castle and its many beautiful gardens.
   彼女はリトル・マーメイドに、王子の大きなお城と、たくさんの美しい庭について話しました。

18. She often heard fishermen in other boats praising him.
   彼女は他の船の漁師たちが彼を褒めているのをよく耳にしました。

19. How can I become a human, grandmother?
   おばあさま、どうしたら私は人間になることができますか？

20. Leave your troubles behind!
   悩みは捨てなさい！

21. She sang with the loveliest voice of all living things.
   彼女は生きとし生けるものの中で一番愛らしい声で歌いました。

22. Although the sea witch was frightening, the little mermaid desperately wanted to be with the prince.
   海の魔女は怖かったけれど、リトル・マーメイドはどうしても王子と一緒にいたかったのです。

23. She found the sea witch letting a toad eat out of her mouth.
   海の魔女がヒキガエルに口移しで食べさせているのを彼女は見つけました。

24. Then maybe the prince will fall in love with you and you will get an immortal soul?
   そうしたら、王子があなたに恋をして、あなたは不死の魂を手に入れるかもしれないでしょ？

25. Are you sure this is what you want?
    本当にこれがあなたの望みなの？

26. And if the prince does not love you more than anyone, then you will not get an immortal soul.
    そしてもし王子が誰よりもあなたを愛していなければ、不死の魂は手に入りません。

27. The morning after he marries another woman, your heart will break and your body will become like foam on the sea.
    彼が他の女性と結婚した翌朝、あなたの心は壊れ、あなたの体は海の泡のようになるでしょう。

28. But with no voice, how will I speak to the prince?
    でも、声のない私はどうやって王子に話しかけたらいいの？

29. The little mermaid thought of the handsome prince and quickly made up her mind.
    リトル・マーメイドは、ハンサムな王子のことを思い浮かべ、すぐに決心しました。

30. The little mermaid took the magic drink and swam away from the sea witch.
    リトル・マーメイドは魔法の飲み物を取ると、海の魔女から泳いで離れました。

31. The prince was there in front of her.
    王子は彼女の目の前にいました。

32. She looked down and saw that her tail was gone.
    リトル・マーメイドは下を見ると、尻尾がなくなっていました。

33. He took her by the hand and led her into the castle.
    彼は彼女の手を取って、城の中に連れて行きました。

34. Other young women dressed in gold and silk came and sang to the prince and his parents.
    金と絹で着飾った他の若い女性たちがやってきて、王子とその両親に歌を歌いました。

35. She raised her lovely white arms and began to dance lightly around the room like a fish in the sea or a bird in the sky.
    彼女は愛らしい白い腕を上げて、海の魚や空の鳥のように部屋の中を軽やかに踊り始めました。

36. The prince decided that the little mermaid would be with him forever.
王子は、リトル・マーメイドとずっと一緒にいようと決めました。

37. At night, while others were asleep in the castle, she walked out to the marble steps.
夜、城の中で他の人が眠っている間に、彼女は大理石の階段に出てきました。

38. "Do you love me most of all?" the eyes of the mermaid seemed to ask him when he kissed her forehead.
「私を一番愛していますか?」彼が彼女の額にキスしたとき、リトル・マーメイドの目が彼に問いかけているようでした。

39. You are like a lovely young woman I once saw but will never see again.
あなたは、私がかつて見た、しかしもう二度と見ることのない愛らしい若い女性のようです。

40. He got ready to sail away on a fine ship to go meet the king.
彼は王様に会いに行くために、立派な船で出航する準備をしました。

41. But they shall not make me marry her.
しかし、彼らは私と彼女を結婚させることはできません。

42. All the bells in the kingdom rang as word of the wedding passed through the city.
王国のすべての鐘が鳴り響き、結婚式の知らせが街中に伝わりました。

43. Instead, she thought only of her impending death.
その代わりに、彼女は迫り来る死のことだけを考えていました。

44. She knew that this was the last time she would see the prince.
彼女は王子に会うのはこれが最後だとわかっていたのでした。

45. Then, when his blood touches your feet, they will again become a fish's tail, and you can return to our kingdom beneath the sea.
そして、彼の血があなたの足に触れれば、それは再び魚の尾になり、あなたは海の下の私たちの王国に戻ることができるのです。

46. She saw the beautiful princess asleep with her head on the prince's chest.
彼女は、美しい姫が王子の胸に頭を預けて眠っているのを見ました。

47. She lifted the sword above her head and looked down at the prince.

彼女は剣を頭の上に持ち上げて、王子を見下ろしました。

48. And then, finally, the little mermaid threw the sword far into the waves.

そして最後に、リトル・マーメイドは剣を波の中に投げ入れました。

49. The waves became red where the sword fell as if the water turned to blood.

剣が落ちたところの波は、まるで水が血に変わったかのように赤くなりました。

50. But as a daughter of the air, you can get one by doing good deeds.

しかし、空気の娘として、善行を積むことでそれを手に入れることができるのです。

51. They were watching the foam on the waves as if they knew she had jumped into the sea.

二人は、彼女が海に飛び込んだことを知っているかのように、波の泡を見ていました。

52. Although the prince and princess could not see her, she kissed the princess's forehead and smiled upon the prince.

王子と王女は彼女を見ることができませんでしたが、彼女は王女の額にキスをし、王子に微笑みかけました。

Word List

A

□ **a** 冠 ①1つの，1人の，ある
②〜につき

□ **able** 形 ①《be - to 〜》（人が）
〜することができる ②能力のある

□ **aboard** 前 〜に乗って　go
aboard 乗船する

□ **about** 副 ①〜について ②〜のま
わりに［の］ about someone's
age（人）と同じくらいの年である

□ **above** 前 ①〜の上に ②〜より
上で，〜以上で ③〜を超えて
副 ①上に ②以上に

□ **accept** 動 ①受け入れる ②同意
する，認める

□ **advice** 名 忠告，助言，意見　ask
for advice アドバイス［助言］を求
める

□ **afraid** 形 ①心配して ②恐れて，
こわがって

□ **after** 前 ①〜の後に［で］，〜の次
に ②《前後に名詞がきて》次々に〜，
何度も〜《反復・継続を表す》after
that その後，それ以後 接 （〜した）
後に［で］

□ **again** 副 再び，もう一度

□ **age** 名 ①年齢 ②時代，年 about
someone's age（人）と同じくらい
の年である

□ **air** 名 空気，《the -》大気

□ **all** 形 すべての，〜中 all day
long 一日中，終日 all living
things 生きとし生けるもの 代 全
部，すべて（のもの［人］）most of
all とりわけ，中でも

□ **allow** 動 ①許す，《- … to 〜》…
が〜するのを可能にする，…に〜さ
せておく ②与える

□ **alone** 形 ただひとりの 副 ひとり
で，〜だけで

□ **although** 接 〜だけれども，〜に
もかかわらず，たとえ〜でも

□ **among** 前 （3つ以上のもの）の
間で［に］，〜の中で［に］

□ **an** 冠 ①1つの, 1人の, ある ②~につき

□ **and** 接 ①そして, ~と… ②《同じ語を結んで》ますます ③《結果を表して》それで, だから

□ **announcement** 名 発表, アナウンス, 告示, 声明

□ **another** 形 ①もう1つ[1人]の ②別の 代 ①もう1つ[1人] ②別のもの

□ **answer** 動 ①答える, 応じる ②《– for ~》~の責任を負う

□ **any** 形 ①《疑問文で》何か, いくつかの ②《否定文で》何も, 少しも(~ない) ③《肯定文で》どの~も

□ **anyone** 代 ①《疑問文・条件節で》誰か ②《否定文で》誰も(~ない) ③《肯定文で》誰でも

□ **apart** 副 ①ばらばらに, 離れて ②別にして, それだけで **come apart** 〔物が〕ばらばらになる **fall apart** ばらばらになる

□ **appear** 動 ①現れる, 見えてくる ②(~のように)見える, ~らしい

□ **are** 動 ~である, (~に)いる[ある]《主語がyou, we, theyまたは複数名詞のときのbeの現在形》

□ **arm** 名 腕

□ **around** 副 ①まわりに, あちこちに ②およそ, 約 **look around** まわりを見回す **walk around** 歩き回る 前 ~のまわりに, ~のあちこちに

□ **arrive** 動 到着する, 到達する **arrive at** ~に着く

□ **as** 接 ①《as ~ as …の形で》…と同じくらい~ ②~のとおりに, ~のように ③~しながら, ~しているときに ④~するにつれて, ~にしたがって ⑤~なので ⑥~だけれども ⑦~する限りでは **as if** あたかも~のように, まるで~みたいに **just as** (ちょうど)であろうとおり 前 ①~として(の) ②~の時 副 同じくらい

□ **ask** 動 ①尋ねる, 聞く ②頼む, 求める **ask for advice** アドバイス[助言]を求める

□ **asleep** 形 眠って(いる状態の)

□ **at** 前 ①《場所・時》~に[で] ②《目標・方向》~に[を], ~に向かって ③《原因・理由》~を見て[聞いて・知って] ④~に従事して, ~の状態で **at first** 最初は, 初めのうちは **at last** ついに, とうとう

□ **away** 副 離れて, 遠くに, 去って, わきに **carry ~ away** ~を運び去る **far away** 遠く離れて **give away** 手放す

B

□ **back** 副 ①戻って ②後ろへ[に] **come back** 戻る **come back to life** 意識を取り戻す **get back** 戻る, 帰る

□ **bargain** 名 駆け引き

□ **be** 動 ~である, (~に)いる[ある], ~となる

□ **beautiful** 形 美しい, すばらしい

□ **beautifully** 副 美しく, 立派に, 見事に

□ **beauty** 名 ①美, 美しい人[物] ②《the –》美点

□ **became** 動 become (なる)の過去

□ **because** 接 (なぜなら) ～だから, ～という理由 [原因] で　because of ～のために, ～の理由で

□ **become** 動 ①(～に) なる　②(～に) 似合う　③become の過去分詞

□ **bed** 名 ベッド

□ **before** 前 ～の前に [で], ～より以前に　接 ～する前に　副 以前に　before long 間もなく, やがて

□ **began** 動 begin (始まる) の過去

□ **begin** 動 始まる [始める], 起こる

□ **behind** 前 ①～の後ろに, ～の背後に　②～に遅れて, ～に劣って　副 ①後ろに, 背後に　②遅れて, 劣って

□ **being** 名 存在, 生命, 人間　human being 人, 人間

□ **bell** 名 ベル, 鈴, 鐘

□ **belong** 動 《～ to ～》～に属する, ～のものである

□ **below** 副 下に [へ]

□ **beneath** 前 ～の下に [の], ～より低い

□ **better** 形 ①よりよい　②(人が) 回復して　feel better 気分がよくなる

□ **big** 形 大きい

□ **bird** 名 鳥

□ **birthday** 名 誕生日

□ **black** 形 黒い

□ **blood** 名 血, 血液

□ **blue** 形 青い

□ **board** 名 板　on board 船上で

□ **boat** 名 ボート, 小舟, 船

□ **body** 名 体, 胴体

□ **break** 動 壊す, 折る

□ **bride** 名 花嫁, 新婦

□ **bright** 形 輝いている, 鮮明な

□ **bring** 動 ①持ってくる, 連れてくる　②もたらす, 生じる

□ **brought** 動 bring (持ってくる) の過去, 過去分詞

□ **building** 名 建物, 建造物, ビルディング

□ **but** 接 ①でも, しかし　②～を除いて

□ **by** 前 ①《位置》～のそばに [で]　②《手段・方法・行為者・基準》～によって, ～で　③《期限》～までには　④《通過・経由》～を経由して, ～を通って　little by little 少しずつ, 徐々に　副 そばに, 通り過ぎて　go by ～のそばを通る

C

□ **call** 動 呼ぶ, 叫ぶ　call out 叫ぶ, 呼び出す, 声を掛ける

□ **came** 動 come (来る) の過去

□ **can** 助 ①～できる　②～してもよい　③～でありうる　④《否定文で》～のはずがない　Can I ～? ～してもよいですか。　can see far into ～に見通しが利く

□ **carry** 動 運ぶ, 連れていく, 持ち歩く　carry ～ away ～を運び去る

□ **castle** 名 城, 大邸宅

□ **change** 動 変わる, 変える

□ **chest** 名 胸

□ **child** 名 子ども　dear child 愛し子

□ **children** 图 child (子ども) の複数

□ **church** 图 教会, 礼拝 (堂)

□ **circle** 图 円, 円周, 輪 in a circle 輪になって, 円形に

□ **city** 图 都市, 都会

□ **close** 形 近い

□ **closely** 副 ①密接に ②念入りに, 詳しく ③ぴったりと

□ **clothes** 图 衣服, 身につけるもの

□ **cloud** 图 雲, 雲状のもの

□ **cold** 形 寒い, 冷たい

□ **color** 图 色, 色彩

□ **come** 動 ①来る, 行く, 現れる ②(出来事が) 起こる, 生じる ③〜になる ④come の過去分詞 come and 〜しに行く come apart 〔物が〕ばらばらになる come back 戻る come back to life 意識を取り戻す come over や って来る, 〜の身にふりかかる come to like 〜が好きになる come up 近づいてくる, 浮上する, 水面へ上ってくる, 発生する, (太陽 や星などが) 昇る

□ **coolness** 图 涼しさ

□ **cost** 動 (金・費用が) かかる, (〜を) 要する, (人に金額を) 費やさ せる

□ **could** 助 ①can (〜できる) の過 去 ②《控え目な推量・可能性・願望 などを表す》

□ **country** 图 国

□ **cover** 動 覆う, 包む, 隠す

□ **cry** 動 泣く, 叫ぶ, 大声を出す, 嘆 く

□ **curious** 形 好奇心の強い, 珍しい, 奇妙な, 知りたがる

□ **cut** 動 ①切る, 刈る ②短縮する, 削る ③cut の過去, 過去分詞 cut out 切り取る cut through 〔刃物 で〕切り開く

D

□ **dance** 動 踊る, ダンスをする 图 ダンス, ダンスパーティー

□ **dancing** 動 dance (踊る) の現在 分詞 图 ダンス, 舞踏

□ **dangerous** 形 危険な, 有害な

□ **dare** 動《– to 〜》思い切って [あ えて] 〜する

□ **dark** 形 暗い, 闇の

□ **daughter** 图 娘

□ **day** 图 ①日中, 昼間 ②日, 期日 all day long 一日中, 終日 every day 毎日

□ **dear** 形 いとしい, 親愛なる, 大事 な dear child 愛し子 dear to (人) にとって大切な

□ **death** 图 死, 死ぬこと

□ **decide** 動 決定 [決意] する, (〜しようと) 決める

□ **deck** 图 (船の) デッキ, 甲板, 階, 床

□ **deed** 图 行為, 行動

□ **desperately** 副 絶望的に, 必死 になって

□ **despite** 前 〜にもかかわらず

□ **did** 助 do の過去

□ **die** 動 死ぬ, 消滅する

□ **dinner** 图 ①ディナー, 夕食 ②夕

食［食事］会, 祝宴

- □ **distance** 名 距離, 隔たり, 遠方
  far in the distance はるか遠くに

- □ **do** 助 ①《ほかの動詞とともに用いて現在形の否定文・疑問文をつくる》②《同じ動詞を繰り返す代わりに用いる》③《動詞を強調するのに用いる》動 ～をする

- □ **does** 助 do の 3 人称単数現在

- □ **dog** 名 犬

- □ **door** 名 ドア, 戸

- □ **down** 副 ①下へ, 降りて, 低くなって ②倒れて go down (太陽・月などが) 沈む look down 見下ろす look down at ～に目［視線］を落とす 前 ～の下方へ, ～を下って

- □ **drank** 動 drink (飲む) の過去

- □ **dress** 名 ドレス, 衣服 動 ①服を着る［着せる］②飾る

- □ **drink** 動 飲む 名 飲み物

E

- □ **each** 形 それぞれの, 各自の
  each time ～するたびに 副 それぞれに

- □ **enjoy** 動 楽しむ, 享受する enjoy doing ～するのが好きだ, ～するのを楽しむ

- □ **especially** 副 特別に, とりわけ

- □ **evening** 名 夕方, 晩

- □ **every** 形 ①どの～も, すべての, あらゆる ②毎～, ～ごとの every day 毎日

- □ **everyone** 代 誰でも, 皆

- □ **excited** 形 興奮した, わくわくした

- □ **eye** 名 目

F

- □ **face** 名 顔, 顔つき

- □ **fall** 動 ①落ちる, 倒れる ②(ある状態に) 急に陥る fall apart ばらばらになる fall in love with (人) と恋に落ちる fall into ～に陥る, ～してしまう

- □ **family** 名 家族

- □ **far** 副 ①遠くに, はるかに, 離れて ②《比較級を強めて》ずっと, はるかに can see far into ～に見通しが利く far away 遠く離れて far in the distance はるか遠くに

- □ **fast** 副 速く, 急いで

- □ **father** 名 父親

- □ **fearful** 形 恐ろしい

- □ **feel** 動 感じる, (～と) 思う feel better 気分がよくなる feel like ～のような感じがする

- □ **feet** 名 foot (足) の複数

- □ **fell** 動 fall (落ちる) の過去

- □ **felt** 動 feel (感じる) の過去, 過去分詞

- □ **fifth** 形 第 5 番目の

- □ **finally** 副 最後に, ついに, 結局

- □ **find** 動 ①見つける ②(～と) わかる, 気づく, ～と考える ③得る

- □ **fine** 形 美しい, りっぱな, 申し分ない

- □ **first** 名 最初, 第一 (の人・物) at first 最初は, 初めのうちは 形 ①第一の, 最初の ②最も重要な for the first time 初めて

- [ ] **fish** 名魚
- [ ] **fisherman** 名漁師, (趣味の)釣り人
- [ ] **fishermen** 名 fisherman (漁師)の複数形
- [ ] **five** 形5の, 5人[個]の
- [ ] **flag** 名旗
- [ ] **flew** 動 fly (飛ぶ)の過去
- [ ] **float** 動①浮く, 浮かぶ ②漂流する
- [ ] **flow** 動流れ出る, 流れる, あふれる
- [ ] **flower** 名花, 草花
- [ ] **fly** 動飛ぶ, 飛ばす **fly to** ～まで飛んで行く
- [ ] **foam** 名泡, 泡状の物質
- [ ] **for** 前①《目的・原因・対象》～にとって, ～のために[の], ～に対して ②《期間》～間 ③《代理》～の代わりに ④《方向》～へ(向かって) **for a time** しばらく, 一時の間 **for the first time** 初めて **for ～ years** ～年間, ～年にわたって
- [ ] **forehead** 名ひたい
- [ ] **forever** 副永遠に, 絶えず
- [ ] **form** 名形, 形式
- [ ] **found** 動 find (見つける)の過去, 過去分詞
- [ ] **fourth** 形第4番目の
- [ ] **friend** 名友だち, 仲間
- [ ] **frightening** 形恐ろしい, どきっとさせる
- [ ] **from** 前①《出身・出発点・時間・順序・原料》～から ②《原因・理由》～がもとで **from then on** それ以降[以来] **from ～ to …** ～から…まで
- [ ] **front** 名正面, 前 **in front of** ～の前に, ～の正面に

G

- [ ] **garden** 名庭, 庭園
- [ ] **gave** 動 give (与える)の過去
- [ ] **gently** 副親切に, 上品に, そっと, 優しく
- [ ] **get** 動①得る, 手に入れる ②(ある状態に)なる, いたる ③わかる, 理解する ④～させる, ～を(…の状態に)する ⑤(ある場所に)達する, 着く **get back** 戻る, 帰る **get here** ここに来る **get ready to** ～する準備をする **get someone to do** (人)に～させる[してもらう]
- [ ] **girl** 名女の子, 少女
- [ ] **give** 動①与える, 贈る ②伝える, 述べる ③(～を)する **give away** 手放す **give up** あきらめる, やめる, 引き渡す
- [ ] **go** 動①行く, 出かける ②動く ③進む, 経過する, いたる ④(ある状態に)なる **be going to** ～するつもりである **go aboard** 乗船する **go by** ～のそばを通る **go down** (太陽・月などが)沈む **go in** 中に入る, 開始する **go on** 続く, 続ける, 進み続ける, 起こる, 発生する **go out** 外出する, 外へ出る **go up** ①～に上がる, 登る ②(建物などが)建つ, 立つ **go up to** ～まで行く, 近づく
- [ ] **gold** 名金, 金貨, 金製品, 金色
- [ ] **gone** 形去った, 使い果たした,

死んだ

□ **good** 形 よい, 上手な, 優れた, 美しい

□ **got** 動 get (得る) の過去, 過去分詞

□ **grace** 名 優雅, 気品がある

□ **grandmother** 名 祖母

□ **gray** 形 ①灰色の ②どんよりした, 憂うつな

□ **great** 形 ①大きい, 広大な, (量や程度が) たいへんな ②偉大な, 優れた ③すばらしい, おもしろい

□ **grew** 動 grow (次第に～になる) の過去

□ **grow** 動 ①成長する, 育つ, 育てる ②増大する, 大きくなる, (次第に～に) なる **grow -er and -er** ますます～する

H

□ **had** 動 have (持つ) の過去, 過去分詞 助 have の過去《過去完了の文をつくる》

□ **hair** 名 髪, 毛

□ **hand** 名 ①手 ②(時計の) 針 ③援助の手, 助け 動 手渡す

□ **handsome** 形 端正な (顔立ちの), りっぱな, (男性が) ハンサムな

□ **happily** 副 幸福に, 楽しく, うまく, 幸いにも

□ **happy** 形 幸せな, うれしい, 幸運な, 満足して

□ **have** 動 ①持つ, 持っている, 抱く ②(～が) ある, いる ③食べる, 飲む ④経験する, (病気に) かかる ⑤催す, 開く ⑥(人に) ～させる

□ **have to** ～しなければならない 助《〈have ＋過去分詞〉の形で現在完了の文をつくる》～した, ～したことがある, ずっと～している **will have done** ～してしまっているだろう《未来完了形》

□ **he** 代 彼は [が]

□ **head** 名 頭

□ **healthy** 形 健康な, 健全な, 健康によい

□ **hear** 動 聞く, 聞こえる

□ **heard** 動 hear (聞く) の過去, 過去分詞

□ **heart** 名 ①心臓, 胸 ②心, 感情, ハート

□ **heartfelt** 形 心からの, 心のある

□ **heat** 名 熱, 暑さ

□ **held** 動 hold (つかむ) の過去, 過去分詞

□ **help** 動 助ける, 手伝う

□ **her** 代 ①彼女を [に] ②彼女の

□ **here** 副 ①ここに [で] ②《- is [are] ～》ここに～がある **get here** ここに来る

□ **high** 形 高い 副 高く

□ **him** 代 彼を [に]

□ **his** 代 ①彼の ②彼のもの

□ **hold** 動 つかむ, 持つ, 抱く

□ **holy** 形 聖なる, 神聖な **holy temple** 聖堂

□ **home** 名 家, 自国, 故郷, 家庭

□ **horse** 名 馬

□ **hot** 形 暑い, 熱い

□ **how** 副 ①どうやって, どれくらい, どんなふうに ②なんて (～だろう)

③《関係副詞》～する方法

□ **human** 形人間の, 人の human being 人, 人間 名人間

□ **hundred** 名①100(の数字), 100人[個] ②《-s》何百, 多数 hundreds of 何百もの～ 形①100の, 100人[個]の ②多数の

□ **hurry** 動急ぐ, 急がせる

□ **hurt** 動傷つける, 痛む, 害する

I

□ **I** 代私は[が]

□ **iceberg** 名氷山

□ **if** 接もし～ならば, たとえ～でも, ～かどうか as if あたかも～のように, まるで～みたいに

□ **immortal** 形①死ぬことのない, 不死の ②不滅の

□ **impending** 形差し迫った, 迫り来る

□ **in** 前①《場所・位置・所属》～(の中)に[で・の] ②《時》～(の時)に[の・で], ～後(に), ～の間(に) ③《方法・手段》～で ④～を身につけて, ～を着て ⑤～に関して, ～について ⑥《状態》～の状態で in a circle 輪になって, 円形に in front of ～の前に, ～の正面に in the distance 遠方に in the middle of ～の真ん中[中ほど]に in the world 世界で 副中へ[に], 内へ[に]

□ **information** 名情報, 通知, 知識

□ **instead** 副その代わりに

□ **interrupt** 動さえぎる, 妨害する, 口をはさむ

□ **into** 前①《動作・運動の方向》～の中へ[に] ②《変化》～に[へ] can see far into ～に見通しが利く fall into ～に陥る, ～してしまう jump into ～に飛び込む late into the night 夜遅くまで lead into (ある場所)へ導く run into ～に達する

□ **is** 動be(～である)の3人称単数現在

□ **it** 代①それは[が], それを[に] ②《天候・日時・距離・寒暖などを示す》It takes someone ～ to …(人)が …するのに～(時間など)がかかる

□ **its** 代それの, あれの

J

□ **jump** 動跳ぶ, 跳躍する, 飛び越える, 飛びかかる jump into ～に飛び込む

□ **just** 副①まさに, ちょうど, (～した)ばかり ②ほんの, 単に, ただ ～だけ ③ちょっと just as (ちょうど)であろうとおり

K

□ **kill** 動殺す

□ **kind** 形親切な, 優しい

□ **king** 名王, 国王

□ **kingdom** 名王国

□ **kiss** 動キスする

□ **knew** 動know(知っている)の過去

- □ **knife** 名ナイフ, 小刀, 包丁, 短剣
- □ **know** 動①知っている, 知る, (〜が)わかる, 理解している ②知り合いである

L

- □ **last** 形①《the –》最後の ②この前の, 先〜 **the last time** この前〜したとき 名《the –》最後(のもの), 終わり **at last** ついに, とうとう
- □ **late** 副①遅れて, 遅く ②最近まで, 以前 **late into the night** 夜遅くまで
- □ **laugh** 動笑う **laugh at** 〜を見て[聞いて]笑う 名笑い(声)
- □ **lead** 動①導く, 案内する ②(生活を)送る **lead into** (ある場所)へ導く
- □ **learn** 動学ぶ, 習う, 教わる, 知識[経験]を得る
- □ **leave** 動①出発する, 去る ②残す, 置き忘れる ③(〜を…の)ままにしておく ④ゆだねる
- □ **led** 動 lead (導く)の過去, 過去分詞
- □ **left** 動 leave (去る, 〜をあとに残す)の過去, 過去分詞
- □ **leg** 名脚
- □ **let** 動 (人に〜)させる, (〜するのを)許す, (〜をある状態に)する **let out** (声を)出す, 発する
- □ **lie** 動横たわる, 寝る
- □ **life** 名①生命, 生物 ②一生, 生涯, 人生 ③生活, 暮らし, 世の中 **come back to life** 意識を取り戻す

- □ **lift** 動持ち上げる, 上がる
- □ **light** 動火をつける, 照らす, 明るくする 形①明るい ②(色が)薄い, 淡い ③軽い, 容易な
- □ **lightly** 副軽く, そっと
- □ **lightning** 名電光, 雷, 稲妻
- □ **like** 動好む, 好きである **come to like** 〜が好きになる 前〜に似ている, 〜のような **feel like** 〜のような感じがする **look like** 〜のように見える, 〜に似ている
- □ **lit** 動 light (火をつける)の過去, 過去分詞
- □ **little** 形①小さい, 幼い ②少しの, 短い ③ほとんど〜ない, 《a –》少しはある 副全然〜ない, 《a –》少しはある **little by little** 少しずつ, 徐々に
- □ **live** 動住む, 暮らす, 生きている **there lives A** Aが住んでいる
- □ **lives** 名 life (生命)の複数
- □ **living** 形生きている, 現存の **all living things** 生きとし生けるもの
- □ **long** 形①長い, 長期の ②《長さ・距離・時間などを示す語句を伴って》〜の長さ[距離・時間]の 副長い間, ずっと **all day long** 一日中, 終日 **no longer** もはや〜でない[〜しない] 名長い期間 **before long** 間もなく, やがて
- □ **look** 動①見る ②(〜に)見える, (〜の)顔つきをする ③注意する ④《間投詞のように》ほら, ねえ **look around** まわりを見回す **look down** 見下ろす **look down at** 〜に目[視線]を落とす **look for** 〜を探す **look in** 中を見る, 立ち寄る **look like** 〜のように見える,

~に似ている look up 見上げる, 調べる

□ **love** 图愛, 愛情, 思いやり fall in love with (人)と恋に落ちる 動愛する, 恋する, 大好きである

□ **loveliness** 图愛らしさ

□ **lovely** 形愛らしい, 美しい, すばらしい

□ **lying** 動 lie (横たわる)の現在分詞

M

□ **made** 動 make (作る)の過去, 過去分詞

□ **magic** 形魔法の, 魔力のある

□ **make** 動 ①作る, 得る ②行う, (~に)なる ③(~を…に)する, (~を…)させる make up one's mind 決心する

□ **man** 图男性, 人, 人類

□ **many** 形多数の, たくさんの

□ **marble** 图大理石, 大理石模様

□ **marry** 動結婚する

□ **maybe** 副たぶん, おそらく

□ **me** 代私を[に]

□ **meet** 動会う, 知り合いになる

□ **men** 图 man (男性)の複数

□ **mermaid** 图 (女の)人魚

□ **merman** 图男の人魚

□ **mermen** 图 merman (男の人魚)の複数形

□ **middle** 图中間, 最中 in the middle of ~の真ん中[中ほど]に

□ **mind** 图心, 精神, 考え make up one's mind 決心する

□ **moment** 图瞬間, ちょっとの間

□ **more** 形 ①もっと多くの ②それ以上の, 余分の more and more ますます 副もっと, さらに多く, いっそう more than ~以上

□ **morning** 图朝, 午前

□ **most** 形 ①最も多い ②たいていの, 大部分の 副最も(多く) most of all とりわけ, 中でも

□ **motion** 图 ①運動, 移動 ②身振り, 動作

□ **mountain** 图山

□ **move** 動動く, 動かす

□ **much** 副 ①とても, たいへん ②《比較級・最上級を修飾して》ずっと, はるかに

□ **music** 图音楽, 楽曲

□ **must** 助 ①~しなければならない ②~に違いない

□ **my** 代私の

N

□ **near** 前 ~の近くに, ~のそばに

□ **neighboring** 形隣の, 近所の

□ **never** 副決して[少しも] ~ない, 一度も[二度と] ~ない

□ **new** 形 ①新しい, 新規の ②新鮮な, できたての

□ **next** 形 ①次の, 翌~ ②隣の

□ **night** 图夜, 晩 late into the night 夜遅くまで

□ **no** 副 ①いいえ, いや ②少しも ~ない no longer もはや~でない [~しない] 形 ~がない, 少しも

～ない, ～どころでない, ～禁止 no one 誰も [一人も] ～ない

☐ **no one** 代 誰も [一人も] ～ない

☐ **not** 副 ～でない, ～しない

☐ **notice** 動 気づく

☐ **now** 副 今 (では), 現在

O

☐ **of** 前 ①《所有・所属・部分》～の, ～に属する ②《性質・特徴・材料》～の, ～製の ③《部分》～のうち ④《分離・除去》～から

☐ **often** 副 しばしば, たびたび

☐ **oh** 間 ああ, おや, まあ

☐ **old** 形 ①年取った, 老いた ②～歳の ③古い, 昔の

☐ **on** 前 ①《場所・接触》～ (の上) に ②《日・時》～に, ～と同時に, ～のすぐ後で ③《関係・従事》～に関して, ～について, ～して on board 船上で on shore 陸に, 上陸して 副 ①身につけて, 上に ②前へ, 続けて

☐ **once** 副 ①一度, 1回 ②かつて

☐ **one** 名 1 (の数字), 1人 [個] 形 ①1の, 1人 [個] の ②ある～ ③《the –》唯一の 代 ①(一般の) 人, ある物 ②一方, 片方 ③～なもの no one 誰も [一人も] ～ない one of ～の1つ [人]

☐ **only** 形 唯一の 副 ①単に, ～にすぎない, ただ～だけ ②やっと

☐ **open** 動 ①開く, 始まる ②広がる, 広げる

☐ **or** 接 ①～か…, または ②さもないと ③すなわち, 言い換えると

☐ **ordinary** 形 普通の, 通常の

☐ **other** 形 ①ほかの, 異なった ②(2つのうち) もう一方の, (3つ以上のうち) 残りの 代 ①ほかの人 [物] ②《the –》残りの1つ

☐ **our** 代 私たちの

☐ **out** 副 ①外へ [に], 不在で, 離れて ②世に出て ③消えて ④すっかり out of ①～から外へ, ～から抜け出して ②～から作り出して, ～を材料として ③～の範囲外に, ～から離れて ④(ある数) の中から 前 ～から外へ [に]

☐ **over** 前 ①～の上の [に], ～を一面に覆って ②～を越えて, ～以上に, ～よりまさって ③～の向こう側の [に] ④～の間 come over やって来る, ～の身にふりかかる stand over 〔そばに立って見下ろすように〕注視する

P

☐ **pain** 名 痛み

☐ **pale** 形 ①(顔色・人が) 青ざめた, 青白い ②(色が) 薄い, (光が) 薄暗い

☐ **parent** 名 《-s》両親

☐ **party** 名 パーティー, 会, 集まり

☐ **pass** 動 過ぎる, 通る pass out 意識を失う, 気絶する pass through ～を通る, 通行する

☐ **people** 名 (一般に) 人々

☐ **plant** 名 植物, 草木

☐ **play** 動 遊ぶ play with ～で遊ぶ, ～と一緒に遊ぶ

☐ **please** 間 どうぞ, お願いします

- **point** 名先, 先端 sword point 剣の先
- **praise** 動ほめる, 賞賛する
- **pretty** 形かわいい, きれいな
- **priest** 名聖職者, 牧師
- **prince** 名王子
- **princess** 名王女
- **pull** 動引く, 引っ張る
- **push** 動押す, 押し進む, 押し進める
- **put** 動①置く, のせる ②入れる, つける ③(ある状態に)する ④put の過去, 過去分詞 put on ～を…の上に置く

Q

- **quickly** 副敏速に, 急いで
- **quiet** 形静かな, 穏やかな
- **quietly** 副①静かに ②平穏に, 控えめに

R

- **raise** 動①上げる, 高める ②起こす
- **ran** 動run (走る)の過去
- **rang** 動ring (鳴る)の過去
- **ready** 形用意[準備]ができた, まさに～しようとする, 今にも～せんばかりの get ready to ～する準備をする
- **really** 副本当に, 実際に, 確かに
- **red** 形赤い 名赤, 赤色
- **remember** 動思い出す, 覚えている, 忘れないでいる

- **rest** 動①休む, 眠る ②休止する, 静止する
- **return** 動帰る, 戻る, 返す return to ～に戻る, ～に帰る
- **ride** 動乗る, 乗って行く, 馬に乗る
- **ring** 動鳴る, 鳴らす
- **rise** 動①昇る, 上がる ②生じる
- **rising** 形昇る, 高まる
- **rock** 名岩, 岸壁, 岩石
- **room** 名部屋
- **rose** 動rise (昇る)の過去
- **run** 動①走る ②運行する ③(川が)流れる ④経営する run into ～に達する

S

- **sad** 形①悲しい, 悲しげな ②惨めな, 不運な
- **sadness** 名悲しみ, 悲哀
- **said** 動say (言う)の過去, 過去分詞
- **sail** 動帆走する, 航海する, 出航する
- **sailor** 名船員, (ヨットの)乗組員
- **same** 形同じ, 同様の
- **sand** 名砂
- **sang** 動sing (歌う)の過去
- **sank** 動sink (沈む)の過去
- **sat** 動sit (座る)の過去, 過去分詞
- **save** 動救う, 守る
- **saw** 動see (見る)の過去
- **say** 動言う, 口に出す
- **scared** 形おびえた, びっくりし

た be scared of ～におびえる

□ **sea** 名海

□ **second** 形第2の, 2番の

□ **see** 動①見る, 見える, 見物する ②（～と）わかる, 認識する, 経験する ③会う ④考える, 確かめる, 調べる ⑤気をつける can see far into ～に見通しが利く

□ **seem** 動（～に）見える,（～のように）思われる

□ **shall** 助①《Iが主語で》～するだろう, ～だろう ②《I以外が主語で》（…に）～させよう,（…は）～することになるだろう

□ **she** 代彼女は[が]

□ **ship** 名船, 飛行船

□ **shore** 名岸, 海岸, 陸 on shore 陸に, 上陸して

□ **short** 形短い

□ **sickness** 名病気

□ **sigh** 動ため息をつく, ため息をついて言う

□ **sight** 名光景, 眺め

□ **silk** 名絹（布）, 生糸 形絹の, 絹製の

□ **sing** 動（歌を）歌う

□ **sink** 動沈む, 沈める, 落ち込む

□ **sister** 名姉妹, 姉, 妹

□ **sit** 動座る, 腰掛ける sit on ～の上に乗る

□ **six** 形6の, 6人[個]の

□ **sky** 名空, 天空, 大空

□ **smell** 名におい, 香り

□ **smile** 動微笑する, にっこり笑う

□ **so** 副①とても ②同様に, ～もま

た ③《先行する句・節の代用》そのように, そう so ～ that … 非常に～なので… 接①だから, それで ②では, さて

□ **some** 形①いくつかの, 多少の ②ある, 誰か, 何か

□ **sometimes** 副時々, 時たま

□ **song** 名歌

□ **soon** 副まもなく, すぐに, すみやかに

□ **soul** 名魂

□ **sound** 名音, 騒音, 響き, サウンド

□ **speak** 動話す, 言う, 演説する speak to ～と話す

□ **spend** 動（時を）過ごす

□ **spent** 動spend（使う）の過去, 過去分詞

□ **spoke** 動speak（話す）の過去

□ **stand** 動立つ, 立たせる, 立っている, ある stand over〔そばに立って見下ろすように〕注視する stand up 立ち上がる

□ **star** 名星

□ **start** 動出発する, 始まる, 始める start to do ～し始める

□ **step** 名段階 ③踏み段, 階段

□ **stood** 動stand（立つ）の過去, 過去分詞

□ **storm** 名嵐, 暴風雨 動嵐が吹く

□ **story** 名物語, 話

□ **strong** 形強い, 堅固な, 強烈な

□ **suddenly** 副突然, 急に

□ **suffer** 動①（苦痛・損害などを）受ける, こうむる ②（病気に）なる,

苦しむ, 悩む

- □ **suffering** 名苦痛, 苦しみ, 苦難
- □ **sun** 名《the –》太陽, 日
- □ **sunrise** 名日の出
- □ **sunset** 名日没, 夕焼け
- □ **sure** 形確かな, 確実な
- □ **surface** 名表面, 水面
- □ **surprised** 形驚いた
- □ **swam** 動swim (泳ぐ)の過去
- □ **swim** 動泳ぐ swim out 泳ぎ出る swim up 泳いで上る
- □ **sword** 名剣, 刀 sword point 剣の先

T

- □ **tail** 名尾, しっぽ
- □ **take** 動①取る, 持つ ②持って[連れて]いく, 捕らえる ③乗る ④(時間・労力を)費やす, 必要とする ⑤(ある動作を)する ⑥飲む ⑦耐える, 受け入れる It takes someone ~ to … (人)が …するのに~(時間など)がかかる
- □ **talk** 動話す, 語る, 相談する
- □ **tear** 名涙
- □ **tell** 動①話す, 言う, 語る ②教える, 知らせる, 伝える
- □ **temple** 名寺, 神殿 holy temple 聖堂
- □ **than** 接~よりも, ~以上に more than ~以上
- □ **that** 代①それ, あれ, その[あの]人[物] ②《関係代名詞》~である … 接~ということ, ~なので, ~だから after that その後, それ以

後 so ~ that … 非常に~なので…

- □ **the** 冠①その, あの ②《形容詞の前で》~な人々 副《 – ＋比較級, – ＋比較級》~すればするほど…
- □ **their** 代彼 (女)らの, それらの
- □ **theirs** 代彼 (女)らのもの, それらのもの
- □ **them** 代彼 (女)らを[に], それらを[に]
- □ **then** 副その時 (に・は), それから, 次に from then on それ以降[以来]
- □ **there** 副①そこに[で・の], そこへ, あそこへ ②《 – is [are] ~》~がある[いる] there lives A A が住んでいる up there あそこで
- □ **they** 代①彼 (女)らは[が], それらは[が] ②(一般の)人々は[が]
- □ **thing** 名①物, 事 ②《-s》事情, 事柄 all living things 生きとし生けるもの
- □ **think** 動思う, 考える think of ~に思いをはせる
- □ **third** 形第3の, 3番の
- □ **this** 形①この, こちらの, これを ②今の, 現在の 代①これ, この人[物] ②今, ここ
- □ **thought** 動think (思う)の過去, 過去分詞
- □ **three** 名3 (の数字), 3人[個] 形3の, 3人[個]の
- □ **threw** 動throw (投げる)の過去
- □ **through** 前~を通して, ~中を[に], ~中 cut through〔刃物で〕切り開く pass through ~を通る, 通行する

□ **throw** 動投げる

□ **time** 名①時, 時間, 歳月 ②時期 ③期間 ④時代 ⑤回, 倍 **each time** ～するたびに **for a time** しばらく, 一時の間 **for the first time** 初めて **the last time** この前～したとき

□ **to** 前①《方向・変化》～へ, ～に, ～の方へ ②《程度・時間》～まで ③《適合・付加・所属》～に ④《－＋動詞の原形》～するために[の], ～する, ～すること

□ **toad** 名ヒキガエル

□ **together** 副①一緒に, ともに ②同時に

□ **told** 動 tell（話す）の過去, 過去分詞

□ **tongue** 名舌

□ **too** 副①～も（また）②あまりに ～すぎる, とても～

□ **took** 動 take（取る）の過去

□ **top** 名頂上

□ **touch** 動①触れる, さわる, ～を触れさせる ②接触する

□ **tried** 動 try（試みる）の過去, 過去分詞

□ **trouble** 名①困難, 迷惑 ②心配, 苦労 動①悩ます, 心配させる ②迷惑をかける

□ **turn** 動①ひっくり返す, 回転する[させる], 曲がる, 曲げる, 向かう, 向ける ②（～に）なる, （～に）変える **turn to** ～に変わる

□ **two** 名2（の数字）, 2人[個] 形2の, 2人[個]の

U

□ **ugly** 形①醜い, ぶかっこうな ②いやな, 不快な, 険悪な

□ **under** 前①《位置》～の下[に] ②《状態》～で, ～を受けて, ～のもと ③《数量》～以下[未満]の, ～より下の

□ **up** 副①上へ, 上がって, 北へ ②立って, 近づいて ③向上して, 増して **up to** ～まで, ～に至るまで 前①～の上（の方）へ, 高い方へ ②（道）に沿って **up there** あそこで

□ **upon** 前①《場所・接触》～（の上）に ②《日・時》～に ③《関係・従事》～に関して, ～について, ～して

□ **use** 動使う, 用いる

V

□ **very** 副とても, 非常に, まったく

□ **visit** 動訪問する

□ **voice** 名声, 音声

W

□ **wait** 動待つ

□ **walk** 動歩く, 歩かせる, 散歩する **walk around** 歩き回る **walk on** 歩き続ける **walk to** ～まで歩いて行く 名歩くこと

□ **want** 動ほしい, 望む, ～したい, ～してほしい

□ **warm** 動暖まる, 暖める

□ **was** 動《beの第1・第3人称単数現在am, isの過去》～であった, （～に）いた[あった]

- □ **watch** 動 ①じっと見る, 見物する ②注意[用心]する, 監視する
- □ **water** 名 ①水 ②(川・湖・海などの)多量の水
- □ **wave** 名 波
- □ **we** 代 私たちは[が]
- □ **wedding** 名 結婚式, 婚礼
- □ **well** 間 へえ, まあ, ええと
- □ **well-dressed** 形 身なりの良い, 立派な服を着た[服装をした]
- □ **went** 動 go (行く) の過去
- □ **were** 動 《beの2人称単数・複数の過去》〜であった, (〜に)いた[あった]
- □ **what** 代 ①何が[を・に] ②《関係代名詞》〜するところのもの[こと]
- □ **when** 副 ①いつ ②《関係副詞》〜するところの, 〜するとその時, 〜するとき 接 〜の時, 〜するとき
- □ **where** 副 ①どこに[で] ②《関係副詞》〜するところの, そしてそこで, 〜するところ 接 〜なところに[へ], 〜するところに[へ]
- □ **while** 接 ①〜の間(に), 〜する間(に) ②一方, 〜なのに
- □ **white** 形 白い, (顔色などが)青ざめた 名 白, 白色
- □ **who** 代 ①誰が[は], どの人 ②《関係代名詞》〜するところの(人)
- □ **will** 助 〜だろう, 〜しよう, する(つもりだ) will have done 〜してしまっているだろう《未来完了形》
- □ **wind** 名 風
- □ **window** 名 窓, 窓ガラス
- □ **winter** 名 冬

- □ **wish** 名 (心からの)願い
- □ **witch** 名 魔法使い, 魔女
- □ **with** 前 ①《同伴・付随・所属》〜と一緒に, 〜を身につけて, 〜とともに ②《様態》〜(の状態)で, 〜して ③《手段・道具》〜で, 〜を使って
- □ **woman** 名 (成人した)女性, 婦人
- □ **women** 名 woman (女性) の複数
- □ **wonderful** 形 驚くべき, すばらしい, すてきな
- □ **wood** 名 《しばしば-s》森, 林
- □ **word** 名 ①語, 単語 ②ひと言
- □ **world** 名 《the –》世界, 〜界 in the world 世界で
- □ **would** 助 《willの過去》①〜するだろう, 〜するつもりだ ②〜したものだ

Y

- □ **year** 名 年, 1年 for 〜 years 〜年間, 〜年にわたって
- □ **yellow** 形 黄色の
- □ **yes** 副 はい, そうです 名 肯定の言葉[返事]
- □ **you** 代 ①あなた(方)は[が], あなた(方)を[に] ②(一般に)人は
- □ **young** 形 若い, 幼い, 青年の
- □ **your** 代 あなた(方)の

English **C**onversational **A**bility **T**est

国際英語会話能力検定

● E-CATとは…

英語が話せるようになるための
テストです。インターネット
ベースで、30分であなたの発
話力をチェックします。

www.ecatexam.com

● iTEP®とは…

世界各国の企業、政府機関、アメリカの大学
300校以上が、英語能力判定テストとして採用。
オンラインによる90分のテストで文法、リー
ディング、リスニング、ライティング、スピー
キングの5技能をスコア化。iTEP®は、留学、就
職、海外赴任などに必要な、世界に通用する英
語力を総合的に評価する画期的なテストです。

www.itepexamjapan.com

ステップラダー・シリーズ

リトル・マーメイド

2022年2月5日　第1刷発行

原著者　ハンス・クリスチャン・アンデルセン

リライト　アンドリュー・ロビンス

発行者　浦　　晋亮

発行所　**IBCパブリッシング株式会社**
〒162-0804 東京都新宿区中里町29番3号　菱秀神楽坂ビル9F
Tel. 03-3513-4511　Fax. 03-3513-4512
www.ibcpub.co.jp

印　　刷　株式会社シナノパブリッシングプレス
装　　幀　久保頼三郎
イラスト　杉山薫里
ナレーション　Annette Estela

© IBC Publishing, Inc. 2022
Printed in Japan

ISBN978-4-7946-0694-5